Prières du soir
auprès
d'un nouveau-né

Jean-Yves Garneau

Prières du soir
auprès
d'un nouveau-né

MÉDIASPAUL

Médiaspaul reconnaît l'aide financière du Gouvernement du Canada par l'entremise du Programme d'aide au développement de l'industrie de l'édition (PADIÉ), du Conseil des Arts du Canada et de la Société de développement des entreprises culturelles du Québec (SODEC) pour ses activités d'édition.

Catalogage avant publication de Bibliothèque et Archives nationales du Québec et Bibliothèque et Archives Canada

Garneau, Jean-Yves

    Prières du soir auprès d'un nouveau-né

    Nouv. éd. rev. et augm.

    ISBN 978-2-89420-745-1

    1. Parents - Prières et dévotions françaises. 2. Prières du soir. I. Titre.

BV283.C5G37 2008   242'.845 C2007-942592-5

Illustrations : *Anne Guibert-Lassalle*
Graphisme et mise en page : *Diane Lanteigne*

ISBN : 978-2-89420-745-1

Dépôt légal : 3ᵉ trimestre 2008
Bibliothèque et Archives nationales du Québec
Bibliothèque et Archives Canada

© 2008   Médiaspaul
          3965, boul. Henri-Bourassa Est
          Montréal, QC, H1H 1L1 (Canada)
          www.mediaspaul.qc.ca
          mediaspaul@mediaspaul.qc.ca

          Médiaspaul
          48, rue du Four
          75006 Paris (France)
          distribution@mediaspaul.fr

Imprimé au Canada - Printed in Canada

Les prières de ce livret ont été rédigées en pensant à une mère ou à un père qui, chaque soir, désire prier pour son jeune enfant avant qu'il s'endorme.

Parfois, la prière fait référence au couple, mais il n'est pas nécessaire que le père et la mère soient tous deux présents pour qu'elle soit utilisée.

La prière peut se terminer par un geste.

On pense spontanément à celui du signe de la croix tracé sur le front ou sur la tête de l'enfant. Il peut être accompli en silence ou avec l'une ou l'autre des formules suggérées au long du livret.

Un autre geste possible est celui de poser la main sur la tête de l'enfant, en silence ou en utilisant quelques paroles de bénédiction.

Les prières proposées peuvent être utilisées telles quelles. À l'usage, le père ou la mère apprendra à repérer celles qui lui conviennent le mieux.

Il serait bon que la prière soit adaptée à ce que l'enfant a vécu durant la journée. C'est chose facile.

Puis viendra l'étape, je l'espère, où, mettant de côté le livret, le père ou la mère laissera jaillir de son propre cœur les mots de sa prière.

Quand cela arrivera, l'ultime objectif sera atteint. Le livret aura servi à initier à la prière que l'on compose soi-même, en se laissant guider par l'Esprit.

Protège-le

Je te remercie, Père très bon,
de m'avoir donné cet enfant
qui est aussi ton enfant.
Protège-le,
demeure près de lui,
pour qu'il ne lui arrive rien de mal.
Garde-le en santé
et fais qu'il se développe normalement.
Je te présente cette prière
par Jésus, le Christ, qui nous a révélé ton amour,
pour les siècles des siècles.
Amen.

Poser la main sur la tête de l'enfant, en disant :
Que Dieu te bénisse et te garde !

Fais qu'un jour il te connaisse

Avant qu'il s'endorme,
je te prie pour _____, mon enfant.
Sois près de lui tout au long de la nuit.
Veille sur lui.
Il est notre enfant.
Fais qu'un jour il te connaisse
et qu'il t'aime.
Exauce ma prière, Dieu très bon.
Je te le demande par Jésus
qui aimait ouvrir ses bras aux enfants.

**En silence, tracer le signe de la croix
sur le front ou la tête de l'enfant.**

Qu'il soude notre amour

Sois béni et sois remercié, Dieu de bonté,
de nous avoir donné de mettre au monde _____.
Que notre enfant soude notre amour
et nous apporte de grandes joies.
Aide-nous à lui donner le meilleur de nous-mêmes, chaque jour,
pour qu'un jour,
il soit quelqu'un
dont nous serons fiers.
Écoute ma prière,
je t'en prie
par Jésus, le Christ, notre Seigneur. Amen.

En silence, poser la main sur la tête de l'enfant.

Nous le conduirons au baptême

Dieu très bon,
jamais je ne te remercierai assez
pour l'enfant que tu nous as donné
et que nous conduirons au baptême.
Aide-nous à lui faire connaître ton existence
pour qu'un jour,
il puisse te bénir, te rendre grâce et te prier.
À toi toute louange et toute gloire,
dès maintenant
et pour les siècles des siècles.
Amen.

En silence, tracer le signe de la croix sur le front de l'enfant en disant :
Que le Père, le Fils et l'Esprit Saint te protègent.

Qu'il devienne un adulte

Béni sois-tu, Dieu très bon,
pour cet enfant que tu nous as confié
et que nous aimons.
Protège-le (la) et protège-nous.
Qu'il (elle) soit un jour un(e) adulte
qui sait t'aimer et aimer son prochain.
Je te le demande
par Jésus qui s'est donné sur la croix
pour nous apprendre à nous aimer les uns les autres.

Tracer un signe de croix sur la tête de l'enfant.

Qu'il découvre que tu l'aimes

Dieu très bon,
aide-moi à faire sentir à mon enfant
que je l'aime
et que je ne veux que son bien.
Fais que,
sensible à mon amour,
il découvre un jour
que toi aussi tu l'aimes
comme un père,
comme une mère,
et que tu ne veux que son bonheur.
Amen.

Poser la main sur la tête de l'enfant en disant:
_____, que Dieu qui t'aime te bénisse.

Permets-moi de rêver

Dieu très bon,
permets-moi, ce soir, de rêver un peu
auprès de cet enfant que j'aime.
Qu'il ne connaisse que le bonheur !
Que la maladie ne le frappe jamais !
Qu'il ne manque jamais de pain, jamais d'amour !
Qu'il n'ait autour de lui que des personnes qui l'aiment !
Ce que je viens de dire est un rêve. Je sais.
Mais j'en fais quand même ma prière de ce soir.
Bénis mon enfant, Dieu très bon,
Dieu de l'impossible !
Je t'en prie par Jésus
qui veut le bonheur de tous les enfants.

Signe de croix sur le front ou sur la tête de l'enfant.

Qu'il dorme tranquille

Avant qu'il s'endorme,
je te prie pour _____ .
Envoie sur lui ta grâce et ta bénédiction,
ta lumière et ta paix.
Qu'il dorme tranquille
et que demain la vie continue à s'ouvrir
toute grande et toute belle devant lui.
Je te le demande par Jésus Christ, notre Seigneur,
qui prenait les enfants dans ses bras
et les bénissait.

Signe de croix sur le front ou la tête de l'enfant, en disant :
Que le Seigneur Jésus te bénisse,
te protège et te garde près de lui.

Aide-le à s'ouvrir à la vie

Dieu très bon,
je sais de quel amour tu aimes mon enfant.
Il est aussi ton enfant
et tu ne veux que son bien-être et son bonheur.
Demeure près de lui,
aide-le à s'ouvrir à la vie
et à devenir chaque jour davantage
un enfant créé à ton image et à ta ressemblance.
Je te le demande par Jésus, notre Sauveur.
Amen.

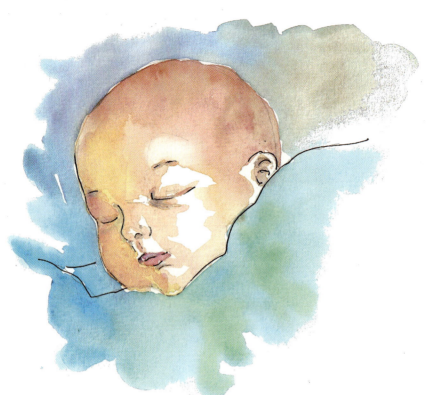

Qu'il ne manque jamais d'amour

Je te prie, ce soir,
Dieu tout-puissant,
pour le bien-être de notre enfant.
Garde-lui longtemps son père et sa mère.
Qu'il ne manque jamais d'amour ni de pain.
Qu'il ne manque jamais de vêtements ni de médicaments.
Qu'il ait toujours une maison chaleureuse où habiter.
Je te demande aussi de m'aider à faire de notre enfant
un être courageux et bon,
droit et ouvert aux autres.
Entends ma prière, Dieu de bonté.
Je te la présente en toute confiance,
par Jésus, ton Fils, qui est notre Sauveur.
Ainsi soit-il!

Poser la main sur la tête de l'enfant en disant :
Que Dieu demeure avec toi toute la nuit.

Aide-moi à l'éduquer

Seigneur, Dieu très-haut et plein d'amour,
entends ma prière.
Aide-moi à bien éduquer mon enfant dès maintenant.
Donne-moi la tendresse nécessaire
pour l'aimer de tout mon cœur
et la fermeté requise
pour qu'il acquière de bonnes habitudes.
Fais que je lui apporte la sécurité, la confiance et l'amour
dont il aura besoin
pour se développer harmonieusement.
Je te le demande par Jésus
qui vit près de toi pour toujours
et qui habite aussi au milieu de nous.
Amen.

**Signe de croix sur le front ou
la tête de l'enfant, en disant :**
Que le Christ qui habite en toi te protège et te garde.

Que d'espoirs je mets en lui!

Seigneur,
ce soir, je veux te dire ma joie
d'avoir reçu cet enfant.
Comme il m'est précieux!
Merci de l'avoir fait naître en bonne santé.
Que d'espoirs je mets en lui!
Merci de m'aider à lui donner le meilleur de moi-même.
Comme il m'apprend à comprendre ce que signifie le mot aimer!
Merci pour les jours de bonheur qu'il m'apporte.
Ne t'éloigne pas de lui.
Protège-le.
Je te le demande par Jésus
qui est venu nous manifester ton amour.
À lui toute gloire, pour les siècles des siècles.

Signe de croix sur le front ou la tête de l'enfant,
en silence ou en disant :
Que Dieu te bénisse.

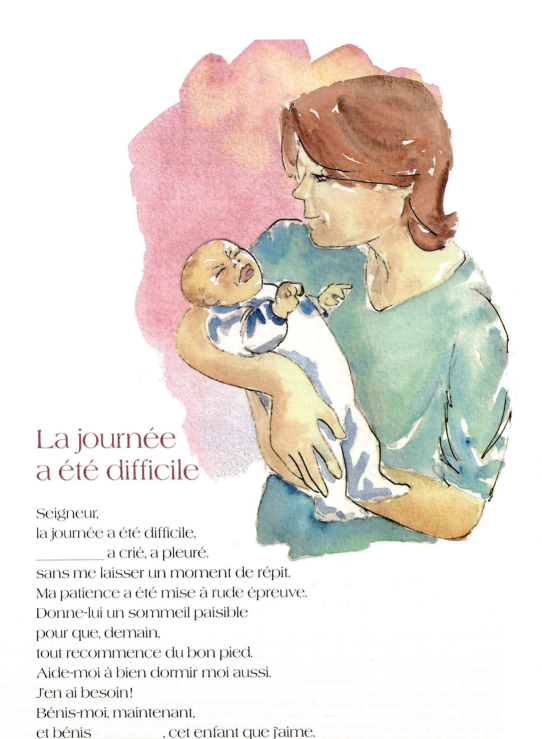

La journée
a été difficile

Seigneur,
la journée a été difficile,
_____ a crié, a pleuré.
sans me laisser un moment de répit.
Ma patience a été mise à rude épreuve.
Donne-lui un sommeil paisible
pour que, demain,
tout recommence du bon pied.
Aide-moi à bien dormir moi aussi.
J'en ai besoin!
Bénis-moi, maintenant,
et bénis _____, cet enfant que j'aime.

Le parent trace sur lui-même le signe de la croix
puis pose la main sur la tête de son enfant.

Pour tous les enfants du monde

Je te loue, Seigneur, et je te rends grâce pour mon enfant et pour
tous les enfants du monde. Je te prie pour _____ et je te prie
pour tous les jeunes enfants que je connais. Je te prie aussi pour
tous les enfants que je ne connais pas:
ceux qui sont heureux, mais aussi ceux qui sont maltraités,
ceux qui ont le nécessaire, mais aussi ceux qui ne l'ont pas,
ceux qui sont en bonne santé, mais aussi
ceux qui sont malades.
Dieu très bon,
puisque tu aimes tous les enfants,
aide-moi et aide les hommes à rendre heureux
tous les enfants de la terre.
Je te présente ma prière
par Jésus, qui a accueilli les enfants et les a bénis.
C'est en son nom que je te demande de bénir _____
et, de la même façon,
de bénir tous les enfants du monde.

Signe de croix sur le front ou la tête de l'enfant en disant :
Seigneur, bénis _____ et bénis tous les enfants du monde.

Je le remets entre tes mains

Dieu, auteur de la vie,
je remets entre tes mains mon enfant qui, déjà, s'est endormi.
Veille sur lui, protège-le, garde-le près de toi.
Aide-moi à bien me reposer cette nuit
pour que demain
je puisse continuer à m'occuper de _____
avec toute la tendresse que je lui porte
et toute la patience que je veux avoir.
Gloire à toi, Dieu,
qui es le Père de tous les enfants du monde,
qui es aussi mon Père et notre Père à tous.
À toi tout honneur et toute gloire
pour les siècles des siècles.

Poser la main sur la tête de l'enfant.

Il a beaucoup pleuré aujourd'hui

Dieu de bonté,
je m'adresse à toi en toute confiance.
_____ a beaucoup pleuré aujourd'hui.
Reste auprès de mon enfant, cette nuit.
Console-le.
Redonne-lui son sourire et son entrain.
Je t'en prie:
entends ma prière et exauce-la.
Je te le demande par Jésus, le Christ,
qui n'hésitait pas à bénir les enfants.

En posant la main sur la tête de l'enfant:
_____, que Dieu te protège et te garde.
Que son Esprit t'apporte la paix.
Que le Christ Jésus soit près de toi tout au long de la nuit.

Pour quand il sera grand

Dieu notre Père, je te prie
pour quand mon enfant sera grand.
Qu'il te connaisse.
Qu'il te respecte et qu'il t'aime.
Qu'il soit accueillant à ton enseignement.
Qu'il soit un vrai disciple de Jésus.
Pose sur lui ton regard
et protège-le cette nuit
pour que, demain,
il s'éveille heureux et plein de vie.
Amen.

Poser la main sur l'enfant en disant:
Que Dieu le Père te porte dans ses bras tout au long de la nuit.

Qu'il soit heureux de me revoir

Père de Jésus Christ,
je te confie _____ pour la nuit.
Que son sommeil soit paisible
et, demain, quand il (elle) reverra la lumière,
qu'il (elle) soit heureux(se) de me revoir
et de me tendre les bras.
Écoute ma prière et exauce-la
pour ta plus grande gloire.

Tracer le signe de la croix sur le front de l'enfant.

Que rien ne l'effraie durant la nuit

Béni sois-tu,
toi qui es le Dieu des vivants
et qui veux notre bonheur.
Pose ton regard sur _____, l'enfant que j'aime.
Fais que rien durant la nuit ne l'effraie.
Que son sommeil soit doux.
Et quand le jour renaîtra,
quand ses yeux reverront la lumière,
fais que ses sourires, ses cris et ses bras
tendus vers moi
soient un hymne à la vie.
Je te le demande par Jésus, le Christ, notre Sauveur.
Ainsi soit-il!

Que sa vie repose en Toi

Père de Jésus Christ,
je te confie _____ pour toute la nuit.
Que sa vie, si fragile et pourtant si forte,
en Toi repose.
Ne t'éloigne pas
pendant son sommeil.
Si des bruits ou des peurs troublent son repos,
donne-lui paix et réconfort.
Cet enfant que j'aime,
je te l'offre en traçant sur son front
le signe de la croix.

Qu'il se développe harmonieusement

Dieu tout-puissant, en toi est la source de toute vie.
Donne à _____ de se développer pleinement
et harmonieusement.
Que son intelligence découvre peu à peu la vérité.
Que son cœur apprenne à aimer.
Que tout son être témoigne de ta bonté.
Béni sois-tu,
toi qui es le Dieu de la vie et de l'amour.
Ce soir, je t'en prie, approche-toi de_____.

Signe de croix sur le front ou la tête de l'enfant, en disant:
Que le Dieu de toute tendresse demeure avec toi
et te garde dans sa paix.

Étends la main vers lui

Toi qui es le Dieu des sources vives,
toi qui es source de lumière et de vérité,
source de sagesse et de bonté,
source de justice et de toute miséricorde,
approche-toi de _____.

Le parent étend la main sur l'enfant en disant:
Étends ta main sur cet enfant,
pour qu'il dorme sous ta protection
et sous la protection de la Vierge Marie.
Amen.

Que ton dessein se réalise pour lui

Dieu de toute bonté,
tu veux que tous les enfants deviennent tes enfants,
qu'ils te connaissent, toi qui es un Dieu d'amour,
et qu'ils vivent avec toi maintenant et pour toujours.
Fais que ton dessein se réalise pour _____, mon enfant.
Permets-lui de grandir harmonieusement sous ton regard
et de comprendre un jour que tu es son Père
et notre Père à tous.
Je te prie par Jésus, le Christ, notre Seigneur.
Amen.

Sois auprès de lui

Dieu, créateur du ciel et de la terre,
nul n'est plus grand que toi
nul ne nous aime plus que toi.
Pour que nous vivions heureux,
tu t'approches de nous et tu habites le fond de notre cœur.
Sois auprès de _____, mon enfant.
Protège-le tout au long de la nuit,
pour que son sommeil soit paisible
et que, demain, mon enfant
se réveille tout heureux.
Ainsi soit-il.

Fais-le entrer doucement dans la nuit

Dieu de bonté,
avant que le soleil soit complètement disparu,
je te confie mon enfant,
qui est aussi le tien.
Fais-le entrer doucement dans la nuit
et aide-le à dormir sereinement.
Que ton amour soit sur lui
et qu'il le protège.
Je te le demande par Jésus,
qui aimait être entouré d'enfants
et qui vit maintenant près de toi,
pour les siècles des siècles.
Amen.

Viens à son secours

Dieu très bon,
je te prie pour mon enfant qui est malade.
Viens à son secours.
Aide-nous à lui redonner la santé.
Ne le laisse pas souffrir.
Je te le demande avec ferveur
par le Christ Jésus et par Marie sa mère.
Exauce ma prière
pour mon bonheur
et pour ta plus grande gloire.
Amen.

Que les mauvais songes ne troublent pas son sommeil

En tes mains, Seigneur, je remets mon enfant,
pour qu'il repose dans la paix
tout au long de la nuit.
Que les mauvais songes ne troublent pas son sommeil.
Tiens-le près de toi
pour qu'il refasse ses forces
et qu'il continue, demain, à s'épanouir
en s'ouvrant à la vie que tu lui donnes.
Je te présente ma prière
par l'intercession de Jésus
qui est venu nous dire que tu aimes les enfants.
Gloire à toi, éternellement!

Aide-moi à lui communiquer mon amour

Dieu tout-puissant,
tu es le Seigneur de la vie.
Qui vit en toi vit heureux.
Aide-moi à te faire connaître à _____.
Aide-moi à lui communiquer tout mon amour,
toute ma tendresse et à lui faire découvrir
que tu es un Dieu d'amour, de tendresse et de bonté.
Je te remercie d'entendre ma prière.
Aide _____ à dormir dans la paix.

Signe de croix sur le front ou la tête de l'enfant.

Aide-moi à lui faire aimer la nature

Aide-moi, Seigneur,
à faire découvrir à _____
toute la beauté de la nature.
Aide-moi à lui faire aimer
le soleil et les nuages,
les arbres et les fleurs,
les oiseaux qui volent et les animaux qui courent.
Aide-moi à lui faire voir que la nature que tu as faite
est belle et bonne.
Dieu, créateur du ciel et de la terre,
je te loue et je te rends grâce
pour la création du ciel et de la terre.

Poser la main sur la tête de l'enfant durant quelques instants.

35

Je te le remets en toute confiance

Dieu très bon,
reste auprès de cet enfant tout au long de la nuit.
Avec toi, qu'il dorme tranquillement dans la paix.
C'est en toute confiance que je te le remets.
Je sais que tu l'aimes
puisqu'il est aussi ton enfant.
Merci de l'aimer.
Merci de nous avoir révélé que tu es son Père.
À toi, tout honneur et toute gloire,
pour les siècles des siècles!

Redonne-lui son sourire

Aujourd'hui encore, _____ est malade.
Vois notre peine,
viens à notre aide
et pose ton regard sur notre enfant.
Redonne-lui son sourire,
sa joie de vivre,
ses yeux qui s'illuminent et nous illuminent.
Fais que, demain,
ses bras se tendent vigoureusement vers nous.
Je te le demande par Jésus,
qui a guéri les malades
et nous a assurés que tu réponds aux prières
de tous ceux et celles qui t'implorent avec ferveur.
Réponds à notre prière.
Je t'en prie!
Amen.

Je pense à son avenir

Dieu très bon,
en te remerciant de m'avoir confié _____,
je te prie, ce soir, en pensant à son avenir.
Que notre enfant devienne quelqu'un
qui sait aimer et partager,
qui sait accueillir son prochain et le respecter.
Qu'il soit juste et bon,
et que je sache l'aider à devenir ainsi.
Je te le demande par Jésus,
qui laissait venir à lui les enfants
et savait les prendre dans ses bras.
Porte maintenant ton regard vers _____
et fais-lui passer une bonne nuit.

Le parent pose la main sur la tête de l'enfant en disant:
Que le Seigneur te bénisse et te garde.

Que rien ne lui manque

Père de Jésus Christ,
sois béni pour l'enfant que tu m'as donné.
Aide-moi à l'aimer sans le gâter
et à favoriser sa croissance en toute chose.
Aide-moi à lui transmettre tout ce qui est nécessaire
pour être heureux
et pour faire face aux difficultés de la vie.
Je te le demande bien simplement,
en te priant de poser sur _____ ton regard
et de veiller sur son sommeil.

Le parent trace le signe de la croix sur l'enfant en disant :
_____, que la bénédiction de Dieu,
le Père, le Fils et le Saint-Esprit,
descende sur toi et y demeure pour toujours.
Amen.

Prières extraites
du *Livre des Bénédictions*

Les prières qui suivent sont extraites du *Livre des Bénédictions, Bulletin national de liturgie*, 20 (1986) nos 105-106-107, no 172, p. 54-56.

Elles ont été légèrement adaptées pour être prononcées par une seule personne qui est près de l'enfant.

Après chaque prière, on peut tracer le signe de la croix sur le front de l'enfant ou poser la main sur sa tête.

Prière intégrant un texte de l'Évangile (1)

Seigneur Jésus Christ, Fils du Dieu vivant, tu as dit:
«Laissez venir à moi les petits enfants,
car le Royaume des cieux est à ceux qui leur ressemblent »,
regarde la foi de l'Église [...]
et fais descendre sur cet enfant ta bénédiction:
qu'il grandisse en vertu et en sagesse
devant Dieu et devant les hommes.
Toi qui règnes pour les siècles des siècles.
Amen.

Prière intégrant un texte de l'Évangile (2)

Seigneur Jésus Christ, tu embrassais les petits enfants
qu'on te présentait et qui venaient à toi;
tu les bénissais en leur imposant les mains
et tu disais: «Laissez les enfants venir à moi,
ne les empêchez pas,
car le Royaume des cieux est à ceux qui leur ressemblent
et leurs anges voient sans cesse la face de mon Père.»
Nous t'en prions: tourne ton regard
vers l'innocence de cet enfant [...].
Dans ta bonté, accorde-lui ta bénédiction:
qu'il grandisse constamment dans ta grâce,
qu'il apprenne à te connaître, à t'aimer et à t'adorer,
et qu'en observant tes commandements,
il parvienne heureusement à l'âge adulte.
Je t'en prie, Sauveur du monde,
toi qui règnes avec le Père et le Saint-Esprit
pour les siècles des siècles.
Amen.

Bénédiction d'un enfant qui n'est pas encore baptisé

Dieu, Père tout-puissant,
source des bénédictions et protecteur des enfants [...],
regarde avec bonté mon enfant
et, par la nouvelle naissance de l'eau et de l'Esprit Saint,
daigne le compter au nombre de tes enfants
quand il aura reçu le don du baptême;
qu'il soit héritier de ton Royaume
et qu'il apprenne à te bénir avec nous dans l'Église.
Par Jésus, le Christ, notre Seigneur.
Amen.

Bénédiction d'un enfant baptisé

Seigneur Jésus Christ,
tu as tellement aimé les enfants que tu as dit:
«Qui les accueille, c'est moi qu'il accueille»,
écoute la prière que je te présente pour cet enfant.
Puisque tu l'as comblé de la grâce du baptême,
ne cesse pas de le protéger
pour qu'en grandissant il croie en toi librement,
qu'il soit fervent en charité,
et qu'il persévère courageusement
dans l'espérance de ton Royaume.
Toi qui règnes pour les siècles des siècles.
Amen.

Pour le temps de Noël

Seigneur Jésus, fils du Dieu vivant,
tu as voulu naître parmi les hommes
et reposer petit enfant dans les bras de la Vierge Marie;
bénis cet enfant que je te présente:
fais-le grandir en âge, en sagesse et en grâce
sous le regard de Dieu et des hommes
et accorde-moi
de pouvoir toujours me réjouir de lui.
Toi qui règnes pour les siècles des siècles.
Amen.

TABLE DES MATIÈRES

Prières extraites du Livre des Bénédictions